Christian Rosas

Questbook

Barden Edition

Christian Rosas

ISBN:
9783752811100

Herstellung und Verlag:
BoD - Books on Demand, Norderstedt

Questbook: Barden Edition

Prolog der Finsternis:
[Der Pfad getaucht in Schwärze]

Über diesen Pfad werden sie kommen,
Die Finsternis ist ihr Begleiter...
Hast du ihre Jagdhunde vernommen?
Sie gieren nach Blut: warm und frisch geronnen!
Gesammelt in nebelschwangrem Weiher...

Einst existierte nur ein Geist.
Nun sind es viele, zumeist.
Einst nur ein Alptraum, weit gereist,
Mitnichten diese Wilde Jagd!
In der Wahnsinn in Wellen erstarkt...

Ein kopfloser Reiter ist ihr Späher!
Erblickst du ihn, bist du verloren!
Du kannst nur fliehen, wie von jeher...
Dein Heim erreichen? …ist auserkoren,
Zu vergehen in fahlem Lichte Morgen…

Nun vernimmst du blut'ge Hufe.
Schwarzes Geschmeiß trübt den Himmel,
Blindheit… welch purer Terror erschufe!
Zu deinen Füßen quiekend Rattengewimmel…
Hörst du des Schicksals bitt're Rufe?

Du fragst: was sucht nur diese Lande heim?
Warum gehen all diese Geister umher?
Warum der Wilden Jagd blasphemisch Mär?
Heraus aus Gräbern, Erd' und Stein:
Ein Omen für zukünftiger Dinge Sein!

Vereint was hieraus bestünde:
Fleisch und Knochen, Haar und Haut,
Alles fließt ein, es wird errichtet und gebaut.
Weben aus dieser all gesammelt' Sünde
Etwas dunkles, schier den Verstand beraubt...

[Stellen offen...]

Am Anfang stand ein Schild.
Einfach, ohne jeglich' Bild.
Drauf steht: „Bei uns sind Stellen offen…
Komm doch zum Wirtshaus, auch du kannst hoffen."

Vier Helden antworteten dem Ruf!
Zwei Barbaren: dumm und stark, die Wildnis sie erschuf.
Ein Späher: Eidechsenmann seine Rasse,
Und eine Druidin: hübsch und mit etwas Klasse.

Wirt: „Hallo Fremde! Ein jeder noch ein Niemand?
Wartet nur, bald seid ihr ein (oder eine) Jemand!
Meine Glückwünsche erhaltet ihr bereits,
Weil ihr hier seid! War richtig.... Seht ihr alsbald!"

Erster Barbar: „Was ist nun mit dem Geld?"
Wirt: „Hmm, kein: 'Hallo mein Name ist...', Schätzchen?"
Zweiter Barbar (spuckt): „Geld! Viel? Name ist Joraldt."
Wirt (angeekelt): „Ha! Immerhin fähig für ein Schwätzchen..."

„Erst meine Vorstellung! Seid's bereit?
Mein Name ist Jayke, Beruf: Barde. Schon gehört?"
Ausdruckslose Gesichter... Der Barde wirkt verstört!
„Nee? Verdammte, wertlose Öffentlichkeitsarbeit!"

„Ihr (solltet!) wissen, bin ein Held vom König!
Rettete die Hauptstadt! Dafür erhielt ich dieses Wirtshaus!",
Sagt Jayke, der Barde, und sieht sehr stolz aus...
„Hörte: 's waren Drachen!", sagt der erste Barbar unversöhnlich.
„Hörte: des Zauberer Odorius Mannen waren es höchst persönlich..."

Jayke rollt genervt mit den Augen (echt wunderbar!):
„Wisst ihr was? Ich werde eure Kräfte testen!
Teil des Einstellungsprozedere… Hmm genau… Ja!
(Trainings-) Kampf in Arena: Das könnt ihr doch am besten?!!
Wäre das in eurem Sinne, werte Herren Barbar?"

„Sicher..." „Warum nicht?!" (Ah, diese einfachen Gemüter!)
Am Ende beseitigt vom „Ball", 'nem Ettin,
Im lokalen Volkssport: Blutiger Zwilling*…
Wurden nie wieder gesehn, die Barbaren Brüder...
Aber unser Barde Jayke verbucht's trotzdem als Gewinn!

...am Ende stand immer noch ein Schild.
Immer noch: 'Stellen offen...!' Immer noch ohne Bild!
Ein bisschen später antworteten dem Rufe,
Eine durchtriebene Zauberin und ein Eidbrecher: ohne Muße.
Ist genügend... So grüßt die Abenteurer mit freundlichem Gruße!

*Siehe Anhang B

[Das Wirtshaus: „Zur geruhsamen Nacht"]

Also... Unsere Abenteurer haben 'ne Verabredung,
Einen halben Tag außerhalb der Stadt.
Informationen zu beschaffen bei 'ner Begegnung,
Mit 'nem Zauberer, nicht irgendjemand anstatt!
Au contraire...
Witze machen? Mit wem anders… Nur nicht er!
Spaß, war die letzte seiner Sorgen.
Es war wichtig, war seine Bedingung:
Unsere Angelegenheit im geheimen zu besorgen...
Daraus schlossen wir: Er sucht seine Befreiung!
Sich vom Obermagier dieses Landes zu lösen,
Einem mächtigerem Zauberer, mitunter bösen!
Dieser Typ zeigt Zeichen unübersehbaren Horrors,
Zeichen, nie gesehen bei einem Magier zuvor...

Nachdem die Transaktion über die Bühne ging:
Goldmünzen für etwas höfischen Tratsch im Tausch,
Plötzlich ganz entspannt, gab er sich hin!
Du siehst: der Goldkurs beeinflusst die Stimmung wohl auch...
War glücklich darüber, was er erreicht hat,
Alle dunklen Gedanken vergessen (bis zur nächsten Nacht).
Er sagte uns sein: „Gehabt euch wohle."
Puff Verschwunden!
Erledigt... Aber was wird nun aus uns fern der Metropole?
Uns, (tapferen) Kerlen. Nun… ich berichte unumwunden!
Wisse: Wir trafen uns an einem zwielichtigen Ort…
Bei den anwesenden ...Gestalten wünschten wir uns besser fort!

Des Wirtshaus Name: „Zur geruhsamen Nacht!",
Klingt vertrauenserweckend, eh? ...ham' wa' uns auch gedacht!
Die Wirtsleute waren von einem seltsamen Schlag,
Hielten 'nen untoten Minotaurus in 'nem Verschlag!
Etwas genauer: ließen ihn andere Untote zerquetschen!
Wer fällt zuerst? Und darauf konnte man noch wetten!
Nun… die Nacht ist bereits angebrochen!
Nur nicht raus gehen! Jetzt kommt hervor gekrochen:
Die untote Horde: die Zombieplage!
Gehst du jetzt raus, waren das deine letzten Tage!

Also mieten wir uns ein im zu … günstigen Schlafsaal.
Versuchten es zu ignorieren, das drohende Schicksal.
Hatten ein paar Träume und einen Alptraum,
Deswegen fühlte es jeder plötzlich in diesem Schlafraum...

GEFAHR IST IM VERZUG!!!
Die Wirtsleute und ihre Zombies planen 'nen Betrug!
Im ganzen Hause sind Zombies ausgeschwärmt,
Mit ihrem Gestöhne, welches jedem das Herz erwärmt...
Die Wirtsleute sind wie vom Erdboden verschluckt,
Wir trafen nur auf Untote mit ihrem Spuk!
Ihrem Durst nach Hirn und Fleisch und Blut,
Sei es verwest oder nicht mehr ganz so gut!
Also erwehrten wir uns ihrer...
Lange, epische Balladen und Lieder
Könnte unser Barde vortragen und singen,
Genau sein Ding, neben dem Spiel mit spitzen Klingen!
Auch die Eigentümer spielten mit uns ihr Spiel!
Wir ertappten sie beim spionieren ...und das missfiel!
Aus ihrem Versteck durch ein Gemälde, wer hät's gedacht?
Schnell war ein überzeugender Plan gemacht...

Diese Hinterwäldler erwartet ein harsches Urteil!
Schaden wird verteilt mit Schwert und Beil,
Zuerst muss nur die Tür erzittern…
Aus ihren Angeln kracht sie splitternd!
Ein Handgemenge: Argumente werden ausgetauscht!
Überraschenderweise wird denen auch gelauscht...
Ein Schwur zu kämpfen an unserer Seite!
Mit Stolz sucht man den Kampf (nicht das Weite)!
Und unsereins? Wir nutzten deren Versteck...
Richteten uns ein für die Nacht, ganz keck...
In ihrem warmen und kuscheligen Neste.
Von allen Möglichkeiten für Schlaf, war dies die beste.
Sogar das Kratzen und Geschrei
Von draußen war uns Einerlei,
Friedvoll ruhten wir nun und schliefen sacht!
Und in der Tat wurde es noch eine geruhsame Nacht!

[Gefangenen Befreiung]

Ein Schrei, so schrill das Glas zerbricht!
Zu früh, für des Tages ersten Lichts!
Im Alptraum ging es ums Fallen,
Angedrohte Auslöschung! Ans… Leben zu krallen.

Du musst wissen, wir haben einen …Freund.
Einer von uns! Kein Widersacher! Kein Feind!
Okay, okay er wirkt finsterer als ein Totengräber!
In seinem Kern… ein netter… untoter… Eidbrecher, (weiß jeder).
In seiner Freizeit starrt er in all' versengend' Feuer,
Und hofft damit seine verdammte Seele zu läutern…

Wie lautet das Motto? Die Hoffnung stirbt zuletzt!
Aber gib ihm 'ne Chance! Steht bereits sozial am Rand!
Die Gesellschaft ist allzu schnell… verhetzt
Vorurteile sind allzu schnell zur Hand,
Es ist Dummheit, gelebt nicht nur in diesem (Fantasy-) Land!

Glück, war sicher nicht auf seiner Seite,
Bevor wir… Helden befanden uns im Streite
Mit den untoten Horden, dunklen Getieren,
Die versuchten für finstre Fürsten das Land zu annektieren…
Fast allein retteten wir die Stadt!
War genug für den König dieses Staats,
Nur der … weise Hohepriester brachte ihn in Bedrängnis,
Wollte ihn verrotten sehen ihm Gefängnis.
Behauptet: Er wäre Teil der teuflischen Synergie,
Mit ihrer unheiligen, alles verschlingenden Energie!

Also… Mussten wir ihm helfen bei seiner Flucht,
Nachdem der Richter, diese Marionette, folgte dem priesterlichen Gesuch,
Und sprach ein unfaires Urteil, so dann!
Aber für die Befreiung ergab sich so eine Gelegenheit, ein Plan…

Schau: der Richtplatz war in einer verlassenen Gegend.
Normalerweise nicht viele Leute Interesse daran hegen
An diesen heruntergekommenen, alten Gebäuden,
Aber natürlich(!) trafen wir auf eine Gruppe von Dieben!
Wir schlichen herum, um keine Geräusche zu erzeugen,
Sie nicht in Angelegenheiten zu stören ...sicher lieben...
Wir hatten unser Ding und die ihres am laufen,
Bringt ja nichts, sich darüber die Haare zu raufen!
Vom trickreichen Teil erzähl ich euch jetzt:
Unser Freund besteht aus 'ner Rüstung, mit Zaubern durchsetzt!
Der Plan war ihn zu tauschen, in des Falles Mitte
Mit vom Troubadour bereitgestellter Requisite!

Der Plan war gesetzt...
Verlief (überraschenderweise) tadellos!
Unsere Druidin, als Spinne, fing ihn mit ihrem Netz,
In der Sphäre der Auslöschung wurden wir die Requisite los!
Der Barde und die Magierin sorgten für Ablenkung,
Und wir lachten herzhaft über der Wachen Verwunderung...

Natürlich anschließend, erst im Wirtshause drin,
Zu des nächsten morgendlichen Anbeginn'.
Für den Transport nutzten wir 'nen Wagen der Pest Patrouille,
Drei Bier gut investiert ersparten uns so manch Bredouille.
Im Wirtshaus feierten wir mit Gespeis' und Gesauf'!
(Und unsere Charaktere levelten auf!)

Freundliches Intermezzo:
[Der „Freund" der Nachtwache]

Ich blicke in die Nacht, verstimmt!
Ich halte mein kaltes Schwert, bestimmt.
Ich blicke in die Nacht: (zu) spät kommt es mir vor.
Mein Wachturm schützt das nördliche Tor.
Auf der anderen Seite herrscht des Waldes Dunkelheit.
Undurchdringlich macht der Wald sich breit!

Diebe und Halsabschneider durchstreifen der schwärze Band!
Eine Räuberbande gebe dir nun einen kurzen Kampf,
Solltest du sie stören… rein versehentlich!
Ausgeklügelte Pläne im Dunkeln geschmiedet (...zumindest gelegentlich!)
Sei Dir versichert: nicht nur im Wirtshaus nebenan, nein!
Genau jetzt stimmt die erste Phase eines Planes ein…
Meine Rolle: das Tor zu öffnen! Ich lass sie rein!

Weißt Du, die Räuber sind eigentlich nette Leute,
Stehlen nur vom gierigen Bischof ihre Beute!
Stehlen nur was einst ihnen gehörte!
So wenn juckt's: Zeig mir den, den's störte!
Sie geben mir 'nen Kirchenzehnt für die ...Beratung.
...bin gern behilflich bei der Steuerrückerstattung!

'ne Frage: Wer bestiehlt hier wen?
Das Dilemma: Des Bauern Lehn!
So verhält es sich durchs gesamte Jahrhundert!
Aber ist's so richtig? Da wäre ich verwundert!
Pressen es heraus… heraus aus den Bauern selbst,
Für die so gebrauchte heilige Unterstützung: Oh Gott vergelt's,
Während der schmutzigen Ackerei auf dem Kornfeld!

Und… Als Wache krieg ich 'nen lausigen Sold, bei Weitem,
Wie soll ich denn davon meinen Lebensunterhalt bestreiten?
Musst wissen, 'ne große Familie hab ich zu versorgen:
3 Söhne, 3 Töchter mit all ihren Sorgen,
Das Futter für 'n Hund und den alten Kläpper musste ich schon borgen!

Und ständig all die Brüder und Oheime beweisen,
Wie man sich besäuft. Nicht hilfreich! Sie zeigen
Keinerlei Interesse oder jegliches Bedauern,
Helfen auch nicht dieses ...Hobby mit harter Währung zu untermauern!
Großmütterchen... am Leben... hmm... wenn ich doch nur wüsste...
Okay, okay, zumindest: das letzte Mal, als ich es prüfte...

Dann und wann isst man auch etwas!
Und die medizinische Versorgung ist kein Spaß
Vom kleinen Hans, unserem Sorgenkind!
Aderlass, Blutegel: nicht gerade billig! Schreib's in den Wind!
Ich will das Beste für die Familie, ganz bestimmt!
Ich frage dich: Welcher Vater will das nicht?
Komme was da wolle… sogar das Jüngste Gericht!

Drum kommt zusätzliches Einkommen gelegen, ist willkommen!
Die Kirche nimmt so viel! Alles andere als besonnen!
Also… Gebe ich das Geld zurück… indirekt...
Diese „Diebe", ich kenne sie! Kenne ihr Versteck!
Und ich nehme vom Zehnten nur ein Zehntel, hast's bemerkt?
Nur ein bisschen von dem Reichtum, das ist es wert!

Schlussendlich schütze ich die Ärmsten!
...warte! Mir kommt ein Gedanke, geradezu zum erwärmen!
Hab 'ne Idee für ein florierendes Geschäft,
Welches einfache Gemüter beinhaltet! Und die mit Muskeln erst Recht,
Von meinen Brüdern und Oheimen der Familie!
Endlich können sie sich nützlich machen… Staune und siehe...
Haha! Für die fetten Hintern der ... spirituellen Autorität:
Werde ich ein Stachel sein! Unangenehm und stet'...
(So hat die Mafia ursprünglich das Licht des Tages erspäht!)

[Stadtflucht]

Ein „Klopf-Klopf" draußen am Tore!
Unsere Helden erwachen auf dem Boden im Flure.
Wie... Wo... Was... Wer kann sich erinnern?
Aaah... richtig… ' Zum tanzenden Herold', nur nicht in den Zimmern,
Daheim! Des Barden Schankstube,
Zu viel gefeiert??! ...selbst weit nach der Nachtruhe!
Zuerst unfähig sich zu bewegen,
Morgendurst! Man bleibt kleben.
Also beantwortet Grim, der Untote, das Gesuch.
Weißt du, er ist groß und auch verflucht,
Öffnet die Tür, sieht runter auf den Manne,
Der würde gern schreien nach seiner Bettpfanne!
Erwähnte ich bereits Grims Rüstung und flammende Augen?
Wenn du ihn einmal kennst… kannst du ihm… vertrauen...
...wenn nicht, könnte das, tja, einschüchternd sein!
Also... du verstehst nun: Der Mann möchte am liebsten schreien!
„Was willst du? Warum diese Störung?",
Grollt Grim. Für den Mann ist's 'ne rechte Dröhnung.
„Informationen, für den Barden, Jayke...
Tschuldige ist früh… oder eben spät..."
Der Untote: „Was gibt's? Was sind die Neuigkeiten?"
Für einen Moment sieht's aus als würd' er sich weigern
Die Antwort sofort geradeheraus zu geben,
Aber nur für 'nen Moment, antwortet dann leicht verlegen:
„Über die Stadt wurde das Kriegsrecht verhängt!
Ist jedenfalls das, was ich sah und mir so denk'!
Wachen und Zauberer gehen von Tür zu Tür,
Keine Ahnung was sie suchen oder wofür...
Niemals ist aus so etwas Gutes entstanden!
Beschlagnahmungen, Verhaftungen, Gerechtigkeit kommt abhanden!",
Der Informant sich selbst plötzlich unterbricht,
Sieht so aus, als wäre er fertig mit seinem Bericht.
„Weißt du, sag Jayke, jetzt sind wir quitt.
Darf ich gehen?" „Tu was du willst, ich komm nicht mit!",
Sagt der Untote und schließt die Tür
Vorm Gesicht des Armen Kerls: „Ist's der Dank dafür?!"
Von draußen ist gemurmelter Fluch zu vernehmen,
Sich entfernende Fuß-Schritte... Stille… Nachtruhe eben...

Dann… als nächstes folgen Schreie
Und Gehämmere mit so manchem Beile,
Ein bisschen hinunter die Straße!
Bringt jeden auf die Beine, im nun gebotenem Maße!
Sie durchkämmen bereits die Nachbarschaft!
Greift was ihr könnt! Keine Zeit für Bedacht!
Wir verschwinden von hier!
Daran glauben nun einmal wir:
Sollten sich der König und der Hohepriester streiten
Macht es wenig Sinn, hier zu verweilen.
Lass ein wenig Gras wachsen, über diese Episode.
War vorhersehbar, von des Berges Spitze oder des Tales Sohle!
Jayke, Held des Königs sollte nicht mehr hier sein,
Finden sie Grim, bricht größeres Unglück herein!
Also raus aus der Stadt und zwar nonstop...
Am liebsten auf 'nem Pferderücken im Galopp!
Ein Brauereiwagen wartet im Hinterhof.
Die Druidin wandelt sich in 'nen Esel, schon zieht sie los!
Grim tut sich in ein gefülltes Fass hineinzwängen.
Er tut dies ohne die Situation zu bemängeln.
Verstehst du: Ein Toter kann nicht mehr ertrinken.
Und so lang' es hilft, dass die Wachen uns durchwinken!
Unsere Druidin zieht uns flink zum Stadttor...
Zu spät! Eine Warteschlange bildet sich bereits davor!
Langsam wird diese geprüft und durchsucht
Unser Scout sich hölzern an einer Ablenkung versucht!
Der Barde verhält sich ruhig in seiner Tarnung,
Angst erkannt zu werden… Wäre 'ne unnötige Warnung
Der Wachen! Also ist unser Späher Protagonist,
Jegliches Anzeichen von Lampenfieber wird an ihm vermisst!
Einige Goldstücke wechseln den Besitzer:
An unsern Freund der Nachtwache: Mercutio das Schlitzohr.
Aber halt! Es scheint, es ist noch nicht genug!
Ein Magier möchte sich am Fasse laben,
Er wittert wohl einen Betrug?!
Auweia! Hängt unser Leben nun am seidenen Faden?!
Besonders das, der untoten Spezialzutat!
Ein Schwert! Das Fass! Durchstoßen, in der Tat...
Alle halten wir unseren Atem an,
Aus Angst, das man etwas hören kann.

Doch alle Geräusche stammen nur vom neuen Leck,
Bier formt schäumend ein kleines Rinnsal im Dreck.
Nun... möchte der Zauberer gern gierig kosten!
„Schmeckt vergammelt! Welch' Verschwendung!
Geht! Soll'n passieren!", sagt er seinen Genossen!
Anschließend kotzt er hinter nächster Ecken Wendung!

Und die Moral? Was denkst Du über unser Benehmen?
Immerhin wissen wir: Schales Bier ist nicht zu empfehlen!

Christian Rosas

[Die Nacht in der Turm-Ruine]

Ab und zu muss man mal neue Orte besuchen.
Endlich wieder unterwegs unser Glück zu suchen!
Inzwischen wandern wir eher langsam zu Fuß.
Mit Druidin Louisa's Eselsform war leider Schluss!
Gen Kingsport, wo der König seinen neuen Sitz hat.
Nichts schlägt schließlich die frische Luft außerhalb der Stadt!
Durchschreiten die schöne Landschaft mit etwas Sorge...
Sie wird immerhin noch heimgesucht von der Zombie-Horde!
Am Tage ist das nicht schön, aber ertragbar.
In der Nacht verhält sich's anders, gruselig ganz und gar!

Also benötigten wir eine sicheres Obdach!
Draußen zu schlafen ist dumm in der Nacht:
Für Zombies bist du ein gefundener Mitternachts-Snack,
Hirn zuerst gefressen, dann Fleisch, Knochen und Speck.
Wer, mit genug Selbstliebe, will denn so enden?
Niemand… du stimmt's mir doch zu, dass gilt's abzuwenden!

Problem: keiner unserer Helden kennt sich in diesem Landstrich aus,
Also kennt keiner ein nahegelegenes, passendes Wirtshaus,
Das mit seinen Waffenbrüdern und Schwestern gilt's zu rocken.
Ein Ärgernis! ...und langsam klingeln die Alarmglocken!
Die Nacht kriecht bereits stetig herauf
Und etwas Hunger haben unsere Helden auch!
Tja, man muss nutzen, was ist zur Hand,
Z.B. 'ne Ruine für des Lagers Stand,
Wenn's nötig wird, du weißt ja nie:
Was aus den Wäldern kriecht… irgendwie....
Dann: ein infizierter Uhu!
Und wann: eine verrückte Kuh!

Vorsichtig prüfen wir einen verlassenen Turm,
Überwuchert mit Moos, Gestrüpp und so manch' Wurm.
Ein Klopfen an das in die Jahre gekommenen Tor,
Zeigte, das steht nur aus optischen Gründen davor,
Wer braucht schon 'ne standhafte Verteidigungslinie?
Will wer wetten? Weiß doch jeder, wozu dies diene!
Drinnen: Gibt's wahrlich nicht viel zu sehen,
Kein Dach: Beobachte, wie Sterne am Himmel gehen!
Ansonsten Erde, Unrat und Dreck,
Eine Treppe die sich in den Himmel erstreckt.
Wirf 'nen Blick über die umschließenden Wände,
Richtung waldigem Dickicht von ihrem Ende.

Unsere Helden richteten sich ein für die Nacht.
Und taten dabei etwas ohne viel Bedacht:
Des Herbstes Kälte sendet Grüße mit aller Macht.
Schnell war ein Feuer entzündet…
Und hierin liegt das Übel begründet:
Wo es Feuer gibt, gibt es auch Rauch!
Und das rochen die Zombies wohl auch!
Aus den Wäldern kamen sie. Allein, mal zwei, mal drei…
Zu allem Übel hatten sie auch 'nen untoten Oger dabei!

Aber… Unsere Wachhabende hat das im Griff!
Weckt uns alle mit 'nem Pfiff,
Dann sagt unsere Zauberin: „Man sieht sich!"
Sucht Zuflucht in ihrer Privatdimension: was dafür spricht,
Sie hat 'nen gut ausgehandelten Vertrag!
'Kämpfen ist optional!', ist was er besagt.
„Verdammte Hexe!", flucht unser Scout.
„Kann dich hören!" „Dann hilf doch auch!"
„Uhh… die Verbindung! Kssshkzsh… spielt verrückt!
Erm… gebt mir einen Augenblick… bin gleich zurück!"
Die Zombies kommen näher, der Kampf beginnt!
Plötzlich hat Grim 'ne Idee, weiß wie man gewinnt!
Der Eidbrecher, früherer Paladin, weiß wie man quält!
'Untote kontrollieren', ist was er wählt!
So… steht sehr schnell der Oger unter Kontrolle,
Muss tun was wir sagen, egal ob er es wolle!
Unsere vereinten Kräfte bereiten ein schnelles Ende,

Den Zombies und anschließend, wer hätte es gedacht,
Hält Wache für den Rest der kalten Nacht…
Und obendrein durften wir auf ihm reiten, was durchaus gefiel,
Zur nächsten Stadt, unserem eigentlichen Ziel.
Sogar die Zauberin machte sich nützlich,
Frischen Kaffee und Croissants brachte sie plötzlich,
Bei ihrer Rückkehr am Morgen. Was wünscht man sich mehr in diesem Spiel?

[Kingsport, zu guter Letzt!]

Die Helden ritten auf ihrem Oger,
Bis in die Nähe der Stadt.
Zeit des Gehorsams war vorbei, oder?
„Tja… Nun… haben wir dich satt!
Spring von der nächsten Klippe...
Und tschüss, altes Ogergerippe!"

Der Oger musste verschwinden,
Um extra Aufmerksamkeit zu vermeiden!
Bevor wir die Stadtwache finden,
Unnötige… Spannungen zu beschneiden!
Könnten die Heldenkarte spielen (falls nötig):
Denn einst halfen wir bereits, ihm, dem König.

„Ihr kennt den König? Erzählt keinen Scheiß?"
Fragt der Wachmann (etwas) ungläubig!
„Dafür habt ihr doch sicher einen Beweis?!!
Würd' euch passieren lassen, recht freudig!
Nur… Hauptsache: seid keine Verräter!
Ansonsten: Kopf ab! Kein: Wir sehen uns später!"

„Bin Jayke, des Königs Barde, seit dem Krieg!"
(Aber Jayke ist eher Kämpfer, als ein Minnesänger!)
Ein schlechter Witz, ein krummes Lied…
Die Wache erträgt es nicht viel länger!
Schmerz durchfährt sie von Kopf bis Zeh!
„Kommt rein und hört auf damit! Das tut ja weh!"

„Ich wusste du würdest mich erkennen…" „Tja?!
Genau… Liefere bitte nur keinen Rapport."
Drinnen wartet ein Freund der Bardengilde, ha!
Sagt: „Kommt! Runter wir gehen nach Scumport!"
Uns egal. Er: „Los! Ich lad' euch ein!"
(Aber das ist eine Geschichte für den nächsten Reim…)

[Willkommen in Scumport]

„Lasst mich euch herum führen… Alles zeigen!
Außergewöhnliches könnt ihr hier machen,
In Kingsport solltet ihr müßig verweilen:
Beim Navyhafen für Schiffe und andere Sachen,
Sein es Zeppeline, die die Lüfte bereisen,
Und überaus tödlich: die mächtigen Drachen!
Schiffe, alte Kähne, die (grad' noch) im Wasser kreisen,
Lauscht dem emsigen Trubel, Tönen und Krachen.
Auch findet ihr hier die ach so sündigen Meilen
Des Abschaums: der Goblins, Orks und fetten Ratten…
Passt auf nicht zu lang im Zwielichte zu bleiben!
Gerüchten zufolge wohnen Dämonen in den Schatten!",
Warnt unser Freund (recht eindringlich bisweilen).

Ein alter Freund, in der Tat...
Alles was wir bräuchten, hält er parat!

Ist auch eine Barde, Lupus sein Name,
Von drei Brüdern einer,
Ruhmestaten schrieben Sie sich auf ihre Fahne!
Bekämpfen einige Dämonen, Geister und so weiter…
Leviathan der Große (und Lahme)!
Befreiten das Land, ist nun sehr heiter.
Zahlten manche Zeche, dankten manch' Dame:
Hart verdientes Lehrgeld, nun sind sie gescheiter!
Weisheit: schlau ist wer sie nachahme,
Nutze Worte, beruhige Mitstreiter…
Rühre behutsam die süße Sahne…
Nutze Vergeltung, Gewalt als Begleiter,
Als letztes Mittel (sagt auch der schlaue Schamane!)

Zusammengefasst: Nutze das Wort in der Oberstadt!
Und in ihrem schattigen Abbild: die beherzte Tat…

Mittlerweile verlassen wir des Königs Einflusssphäre.
An einem befestigten Tor: 30 Wachen… Keiner weniger!
In 'nem Verschlag gegenüber ganze zwei Orks, Ich schwöre…
Ach… Und ein Oger, als ihr grober Schlächter!
(Und es scheint, dass der diesmal am Leben wäre!)
Auf ihre schiefe Bretterbude krochen wir
Eher langsam zu. Sah aus als ob's die Orks nicht störe.
Die spielten Blutschach und tranken Bier.
Doch dann fragen sie: „Was unsereins hier verlöre?"
Und forderten: "Gebt's besser gleich zu… Ja, genau ihr!
Falls es etwas zu… deklarieren gäbe!
Seien es Waren mit (Weg-) Zoll, Steuern (Ist's pure Gier)?
Besonders wenn Seltenheiten kreuzen diese Wege,
Ansonsten endet's in 'nem blutigen Blutbad hier…"

Aber dann: konnt' es kaum glauben, zwinkerten sie uns zu…
Siehst'e, die sind cool und groovy, wie ich und du!

„Der junge König ist für Neues und gerecht.
Über ihn lässt sich echt Nichts schlechtes sagen,
Aber über diese Hochelfen, Zwerge und das Menschengeschlecht,
Dies ihn umgebende Klientel, könntest du fragen:
„Warum so stocksteif? Mehr Spaß und Possen! Wär's recht?"
Darüber existieren einige Geschichten und Sagen,
Aber die nun zu wiederholen, wäre schlecht,
Könnte ich nur bei einem Goblin Ale ertragen,
Welches in Wirtsstuben reichlich wird gezecht…
Dieser Spaß mit brüllenden Orks zwischen den (Werk-) Tagen
Die Lieder singen zum Mitschwingen, künstlerisch wertvoll! Echt!
Sich hinter (oder noch in) der Bar schlagen (und wieder vertragen)!
Also… Nun wisst ihr wer hier unten herrscht?!

Ist mitnichten der liebe, nette König...
Alles in den Schatten ist wem and'res hörig!

Jetzt denkst du sicher: Slum… Ghetto… Alptraum?
Hier unten… Bretterbuden und Freudenhaus?
Aber hier lebt nicht nur der niedere Abschaum!
Nicht jeder lebt mit (oder isst) Ratten oder Maus.
Übersiehst du nicht die Clan Bosse? Wohl kaum!
All die Geschäfte Tag ein Tag aus
Mit unschuldiger Lust! Gebt euch selbst Freiraum,
Erweitert euren Geist mit Mittelchen über den Horizont hinaus!
Finanziert so ihren mächtigen Clanstammbaum…
Ja, sie führen ein Leben in Saus und Braus,
In ihren prächtigen Palästen! Ein wahrer Traum!
Lasst euch einladen zu ihren Partys mit Festschmaus…

Nun geht und habt viel Spaß…
Herzlich Willkommen und einen guten Start!"

Zwischenspiel des Zwielichts:
[Die Dunkelheit im See]

Unheiliger Gesang durchströmt die Luft.
Die Wälder erfüllt von Blasphemie.
Zweige, Blätter raschelnd gezupft.
Bäume singen in steter Agonie.
Gipfelndes Crescendo einer Kakophonie…

Die Sünde fließt zum See dahin,
Von Geistern gesammelt und Gespinst.
Finstere Tänze am Ufer nass.
Trüb sind die Wasser, Zeremonie beginnt…
Bricht heraus… Der See gebiert etwas.

Schwarze Fäden und Knoten entstehen,
Formen: Falsches, Dunkles… makaber…
Und diese Falschheit gedeiht; ist am Leben!
Bosheit verdorben; dieser Seele Streben.
Die Dunkelheit selbst ist ihr Kadaver…

Dunkelheit und Schatten weben Geschichte.
Am Geburtsort, am Ursprung in diesen Tagen…
Schatten entweichen wie Nebelschwaden
Aus dem Herz der Finsternis, alle Wärme begrabend.
Schwärze bedeckt jegliches Helle und Lichte.

Und fängt der See dich mit seinem Bann…
Wirst du gar Zeuge dieses Horror'!
War dies dein letzter Fehler, fort an:
Verstand verloren! Furcht schleicht heran,
Alamiert durch Angst, gequält durch Terror…

[Insel des Kraken-Wahnsinns]

„Dieser dreckige, verdammte Goblin!
Möge der Klabautermann in hohlen!
Nichts wert ist diese Schatzkarte von ihm!
Sofort seine Hintern hätte ich versohlen
Sollen… mit seinem Stuhl! …über ‘n Schädel, über ‘n Schropf?!
Hätte misstrauischer sein sollen!
War da nicht was sehr Verdächtiges? Oh doch! Oh doch!!
In seinem trunkenen Blick… so aufgequollen?“,
Flucht Grace, der Captain und erste Dame,
Der: „Allmächtigen Cthulhu“, welch’ passend’ Schiffsname!

„Wazz izt daz Problem?“, fragt der Eidechsenmatrose,
Irthos, mit kurzer Schnauze und kürzerer Hose.
„Was ist das Problem? Landratte! Sie dich doch um!
Die verzeichnete Insel ist nicht zu finden auf Erden Krumm!“
Sie sagt ärgerlich: „Seit Tagen segeln wir mal luv mal lee,
In Kreisen, in dieser Gott vergessnen See!“
Grace knüllt die Karte zu ‘nem Ball und flucht,
… verkündet laut an alle: „Ich hab genug!“
Richtung Reling, schnell wie abgefeuerte Waffen
Fliegt die Karte… Wird sie es ins weite Meer schaffen?
Ha! Im letzten Moment fängt sie einer der Bordaffen.

„Komm schon Äffchen… Hör auf dich zu zieren!“
Kann der Barde überhaupt gut mit Tieren?
„Lass mich mal, Jayke! Brauchst deine Zeit nicht vergeuden!“
Und in der Tat kann unsere Druidin den Affen überzeugen,
Mit einer leckeren, deliziösen Banane!
Magie? Sicher! Nur die Frucht ist keine Fata Morgana, (ne)!
Entfaltet ist die Karte. Bereit sie zu untersuchen
Von den Helden… Gibt’s etwa Grund sie zu verfluchen?
Qualitätskontrolle: Papier, Tinte, Geruch (Eher schlecht!)
„Ausreichend!“ „Das erstandene Goblinprodukt wirkt echt!“

„Nun… Was gibt's zu sehen auf diesem guten Stücke?"
„'ne Insel von der Seite: Gebäude, Straßen und 'ne Brücke… „
„Was ist so besonders an der Karte?" „Hmm… Nicht in Draufsicht!"
„Man sieht 'nen Berg, die Wasseroberfläche mit Gischt,
Und darunter: eine sich immer weiter verjüngende Basis…
Pah! Und ein hässliches Gesicht hinter 'nem Riss…
Das des Kraken!!! Von Seefahrern gefürchteter Dämon!"
„Sicher nur da zur Dekoration! Ist dessen Begründung…"
„Aber geschlungen um einen Teil der Insels Substruktur!"
„Was wenn er echt ist?" „Gibt es dort eine tiefreichende Fraktur?"

„Warte mal! Du meinst, da GAB es eine Fraktur einst?"
„Könnte das Verschwinden erklären, was meinst…?"
„WOW… Ein Kraken in Aktion… Allmächtiger Oktopus…"
„Was für ein Anblick dies wäre, direkt aus Mythen und Märchenbuch!"
„Warum können wir nicht zum Meeresgrund folgen? Echt 'ne Schande!"
„Ha! Ihr kennt das Schiff nicht!" „…keine Zeit! Waren nicht im Stande…"
„Also… kennt ihr das Schiff wirklich nicht! Hmm… mal sehen…
Laßt mich euch herum führen, dann werdet ihr verstehen!
Beispielsweise lässt es sich in einen Zeppelin transformieren…
Oder als Unterseeboot wird es nun brillieren!"

„Tauchen! Tauchen! Tauchen!"
Unser Schiff gilt es nun als U-Boot zu gebrauchen!
„Alle Landratten vom Heck zum Bug",
Extra Ballast für unseren nächsten Zug.
So dann… konnten wir in die Tiefe der See hinab steigen.
Was für eine nette Aussicht. Hier könnte man verweilen.
„Seht die Insel! …genau dort! In ein, zwei Seemeilen!"

Draußen, bei Cthulhu, gar so mächtig…
Ein Ausblick durchs Hauptbullauge, gar so prächtig.
„Schnell etwas mehr Licht hervorgebracht…
Um besser sehen zu können in dieser immerwährend' Nacht!"
„Dort! Der Inselsockel aus dem Dunst hervorragt!
Felsformationen, Zeugen von einem gewalttätigen Tag…"
Upsi! Und dadurch starteten wir wohl die Jagd!

„DER KRAKEN!" „Unser Licht hat ihn wach gemacht…"
Riesige Augen führen zu einem Herzinfarkt!
„Volle Kraft voraus! Hart Steuerbord!"
Grace verliert so leicht nicht ihren Kopf.
Steht' kommen die Befehle unseres Kaptain'!
Andere wären schon längst in ihrer Kabine drin!
Aber nicht sie: erprobte… Schurkin… gefürchtete Attentäterin!

Das hat ihr bereits so manch Respekt eingebracht!
Aber vom Kraken? …der hätte nur gelacht!
Er schnappt das Boot mit einem riesigen Fangarm!
„DER WILL UNS FRESSEN!", lautet der Alarm.
Der Ausblick wird nun vollkommen ausgefüllt…
Reihen voller Zähne, ähnlich wie's vom Hai herrührt…
„Das war's! …wird Zeit das ER dies bereut und brüllt!"

Ein Knistern trifft das Biest wie 'ne Keule oder Stock,
Wird von Strom durchzuckt, kriegt 'nen Elektroschock!
Verteidigungsmechanismus: 265-II-B,
Funktioniert für Monster in den Tiefen der See…
Unser Boot kommt frei, nur nicht völlig intakt!
Drehung links, nun rechts, eine Pirouette… gewagt…
Die Insel kommt näher! „ALLES BEREIT MACHEN FÜR DEN AUFSCHLAG!"

Wir krachen in die Seite eines Hauses, lang vergessen!
In 'nem Winkel, eher ungewöhnlich für des Bootes Interessen.
Wir kommen zum Halt! Mit manch kreischendem Geräuche…
Einige Lecks, aber im großen und ganzen hält die Schiffshülle…
Blaue Flecken, ein wenig Blut, aber keine Verluste!
Und draußen… eine Höhle… gewaltiger Saal, in der Insels Kruste!
Mal sehen ob die Goblinkarte wert ist, was sie uns kostete…

Unser U-Boot ist also in 'ne Höhle gekracht
Und verstopft sie… wie ein Korken das macht!
So können wir das Boot verlassen
Und uns den Schaden von außen ansehen.
Was muss repariert werden? …was ist zu schaffen?
Wann wird unsere Reise weitergehen…

Und wichtiger, solange wir hier sind:
Kann die Höhle erkundet werden, geschwind!
Die Kapitänin sagt, sie ist unverzichtbar.
Sie muss die Reparaturen überwachen!
Das leuchtet jedem ein, ist glasklar.
Ihre Erfahrung kann man nur mit Jahren wettmachen….

Aber bevor sie uns ihr 'gehabt euch wohl' gab,
Sendet sie zwei Leichtmatrosen an ihrer statt,
Auf ihr Wohl und Wehe schnell eingelenkt…
Und obendrein Waffen aus ihrem privaten Horte:
Einige geplündert, erm… gesammelt, einige sogar… geschenkt!
Einige so episch, weder erhältlich für Gold noch gute Worte…

Nun… endlich bereit… auf zur Expedition!
Zu prüfen, ob die Karte wert ist: ihre eigene Kreation!
Los ging's… ein bisschen herum gewandert…
Erst mal an die Dunkelheit gewöhnen…
Mal sehen: wo genau sind wir gestrandet?
Zu unser aller Überraschung hörten wir plötzlich ein Stöhnen!

Das Geräusch kam von einer hölzernen Tür!
Wir machen sie auf… (Sind schließlich gemacht dafür!)
Nicht mehr allzu überrascht trafen wir auf:
…jemand …etwas? Eine nebelige Form!
Staub, schwebte unnatürlich um sie herauf…
Vielleicht ein Gespenst? Sicher etwas außerhalb der Norm!

„Guten Abend, endlich jemand um sich (gepflegt) zu unterhalten!"
Gentleman durch und durch… unser Barde kann nicht an sich halten :
„Abendschön, werte Dame! Verlaufen?", wird verkündet.
„Können wir helfen? Ähm… Wir hätten eine Karte zur Orientierung…"
Ohne jeglichen Eigennutz wird ein Licht entzündet…
„Vielleicht hilft sie bei …ihrer Lokalisierung?!"

„Ah! Uh! Hmmm… Mal sehen…
Meine alten Augen, ihr müsst verstehen,
Dieses schlechte Licht macht es sehr schwer…
Ha! Da sind wir! …auf den Punkt genau, ja!"
„Hervorragend! …Ich meine …sind sie sich sicher?
Manchmal… (Öfter als mir lieb ist) irrt man sich, nicht wahr?"

„Junger Mann! Vertraue jemandem der weit gereist…
Widerstandslos… Akzeptiere des Alters Weisheit!"
Und damit verschwand die Erscheinung…
Okay… Nicht ohne schauriges Gelächter!
Unsere Magienutzer hatten dazu keine Meinung.
Sicher warten Alpträume auf uns den nächsten Nächten…

Jetzt hatten wir erstmal den Weg gefunden,
Tiefer hinein in die Minen, unumwunden!
Mal sehen was uns als nächstes fände…
Nur Gänsehaut und zu Berge stehendes Haar?
Hier spukt es! Das war uns allen klar!
(Finden unsere Abenteurer bald ein schaurig' Ende??!)

Jeder weiß, der Nutzen einer hübschen Karte bemisst
Sich nicht nur daran, zu wissen wo man ist,
Sondern auch die so eingezeichnet Städte vorzufinden.
Aber nach diesem Kraken bedingten Untergang,
Befanden sich viele Straßen und Gebäude eher in …Ordnung!
Nun… sich in diesem Irrgarten zurecht zu finden,
War etwa wie in der Lotterie zu gewinnen…

Bekämpften ein paar Wasserelemente,
Testeten die neuen Waffen behände,
Die, die uns Grace geliehen hat,
Du denkst sicher: Schwerter… Wasser, wie funktioniert denn das?
Magie! …verzauberter Stahl, weiß vom Verletzen etwas!
Damit machen wir die Wassergeister einfach platt!

Ein Wasserfall gespeist von einem kleinen Bach,
An dessen Fuße ein Teich, dunkel wie die Nacht.
Hier und dort ein kleines Wasserrinnsal,
Deren Quelle ist der Ozean über unseren Köpfen,
Das kann niemand von uns gerade vergessen!
Bewusst ist dieser Schönheit Gefahr uns all'!
(Bewusstheit ist der Schlüssel! Ziemlich überall…)

Wir fanden unseren Weg in eine Art Palast
Und sahen jemanden voraus mit einem Knacks,
Fanden einen einsamen Goblin der sofort durchdrehte!
Der Wasserdruck machte ihm wohl einen Knoten ins Hirn
Oder weil er sich von Ratten ernährt und Gewürm!
Schwang 'nen übergroßen Morgenstern, als er uns erspähte!

Schließlich nahm sich Grim seiner an…
Auf wen setzt du? (Nehme gerade Wetten an…)
Grims Waffe verfing sich in der des Goblins, im nu'
Bevor jemand bis drei zählt oder jegliche Rührung beginnt,
In Grims gepanzerten Kriegshandschuhen befindet sich der Goblin…
Starrt in glühende Augen! Das versetzt ihn in eine lange, laaange Ruh'…
(Okay: dieser Schock oder der erlittene Schaden, ich geb's zu!)

Ein majestätischer (nur leicht unaufgeräumter) Thronsaal…
Leer! Aber hinter edlen Tapeten, Teppichen und Wandschal:
Ein steiler Geheimgang in ein Mausoleum...
Ein kostbarer Schatz, in diesem Grabe!
Ein epischer Preis, nach des Kartenverkäufers Maßstabe!
Aber zuerst trafen wir den aktuellen Bewohner dieses Museums!

Ein Geist, untoter Ritter oder Totenbeschwörer?
Die Leichtmatrosen taten sofort, als ob sie zu ihm gehöre'!
Ich glaub, ihre Namen waren Atul und Ameit,
Auf der Stelle wurden sie von ihm besessen!
Wendeten sich gegen uns! Jede Kameradschaft vergessen!
Heilige Läuterung und Exorzismus hielten wir bereit!
(Bist nun Zeuge, der Matrosen trauriger Berühmtheit…)

Schließlich fand der tote Ritter sein Ende,
Brachte leider nur kurze Entspannung, diese Wende,
Hatten keine Zeit den Wert der Beute zu besprechen,
Ein Erdbeben wurde plötzlich ausgelöst!!!
Eine unschöne Überraschung, recht bös'!
Aber in alten Tempeln, muss man damit rechnen!

Die Tunneldecke brach auf uns hernieder!
Wir rannten wie die Wahnsinnigen, (mal wieder)!
Als folge uns der Teufel auf dem Fuß'!
Für das nächste Leben fühlen wir uns noch nicht bereit…
Wir hofften Grace hatte für die Reparaturen genügend Zeit!
Als wir zu ihr stießen, bemerken wir der Reparatur Abschluss!
Also… Genug des Wahnsinns! Auf nach Haus, mit schönem Gruß…

Intermezzo:
[Das Lied der Korsaren]

Mu-Ha-Ha-Ha-Ha-HarRrRrRrrrr!
WaRum wirrr hierrr sind, sag ich diR!
Mu-Ha-Ha-Ha-Ha-HarRrRrRrrrr!
Zum Plünderrrn, trrrinken von Rrrum und Bierrr!
Mu-Ha-Ha-Ha-Ha-HarRrRrRrrrr!
WasseRrr ist fürrrr des Schiffes Drrreck…
Mu-Ha-Ha-Ha-Ha-HarRrRrRrrrr!
Ihrrr LandRatten: alle an Deck!

Kotzt des Schiffes Aff',
Pollys Name ist verloren,
Und die Gräfin ist ein Graf
War der Rum vergoren!

Mu-Ha-Ha-Ha-Ha-HarRrRrRrrrr!
Hörrrst du uns gaRr grrrimmig Johlen!
Mu-Ha-Ha-Ha-Ha-HarRrRrRrrrr!
Gehisst ist die Pirrratenfahne!
Mu-Ha-Ha-Ha-Ha-HarRrRrRrrrr!
Werrrden gaRrr Rapirrre gezogen!
Mu-Ha-Ha-Ha-Ha-HarRrRrRrrrr!
Findet dein Leben frrrühes Ende!

Kotzt des Schiffes Aff',
Pollys Name ist verloren,
Und die Gräfin ist ein Graf
War der Rum vergoren!

Mu-Ha-Ha-Ha-Ha-HarRrRrRrrrr!
Um Schätze gilt es sich zu balgen!
Mu-Ha-Ha-Ha-Ha-HarRrRrRrrrr!
Hübsche Mädels beeindruckt werden!
Mu-Ha-Ha-Ha-Ha-HarRrRrRrrrr!
SicherrR… einige errrwartet derrR Galgen!
Mu-Ha-Ha-Ha-Ha-HarRrRrRrrrr!
Besserrr, als alterrrsschwach im Bett zu sterrrben!

Christian Rosas

Kotzt des Schiffes Aff',
Pollys Name ist verloren,
Und die Gräfin ist ein Graf
War der Rum vergoren!

Questbook: Barden Edition

[Freibeuter!!!]

Das Schiff hinterlässt schäumende Spuren!
Bisher hielten aber die Reparaturen!
Die Schiffsmaschinen rumpelten voran,
Erzeugten unrunden Schall, blechern' Klang,
Als Hinweis auf nötige Generalüberholung
Und des Schiffes jetzige Unordnung…

Darüber hinaus ist Schietwetter nicht hilfreich,
Die Navigation viel uns nicht gerade leicht,
In umgebenden Wolken, Nebel und Dunst,
Würd' sogar behaupten: is' 'ne regelrechte Kunst,
Hier überhaupt die grobe Richtung zu bestimmen!
(Kannst du, werter Leser, bereits eine Vorhersage beginnen?)

Plötzlich hörten wir von ferne Gesang!
Wir realisierten: SIND VIEL ZU NAH DRAN!!!
Nichts zu sehen… Abwarten was nun geschieht!
Umzingelt?! Von überall erklang ihr scheußliches Lied…
Hatten keine Wahl… Reparatur immer noch im Gange…
ALLE AN DECK: MIT SCHWERT, KNÜPPEL UND BRATPFANNE!

Unsere tapfere Crew hielt sich bereit,
(Kein Grund für eine extra Erwähnung:
Kannst sie regelrecht fühlen, diese Anspannung!)
BEREIT HALTEN!! WARTET! GLEICH IST ES SOWEIT…
Ein Jolly Roger, eine Rose zwischen den Zähnen!
Aus dem Nebel die Seeräuber sich schälen!

Aus dem Dunst tut uns anlinsen…
Von einem Segel aus, ein großes Grinsen…
Dann rammte etwas unsere Seite!
Traf unser Schiff wie eine Peitsche!
Die Piraten kamen mit mehreren Booten daher!
(Gegenwärtig ist dies geringfügig unfair!)

Fünf Schiffe griffen an! FÜNF… diese Saulappen!

Aber wir kämpften mit allem was wir hatten!
Dann und wann krachte ein Boot in uns hinein!
In all dem Chaos stellte sich dennoch eine Erkenntnis ein…
Jeder einzelne dachte wohl, er besiege uns eigenhändig?!?
Tja, hätten sie sich besser auf einen Schlachtplan verständigt...

Auf ihre schiere Masse haben sie gesetzt!
Sollten wir uns etwa vor Angst verkriechen?
So tun, als ob wir in unseren Betten schliefen?
Stattdessen hat unsere Crew jedes Geschütz besetzt…
...schon mal die Sprache infernalen Feuers gesprochen?!!
Mit heißen Flammen kann man leicht die See aufkochen...

Sechs Schiffe schaukeln hin und her,
Schäumend Wasser, rußend Rauch, feuriges Meer!
Die Piraten hatten Probleme uns zu entern…
Wir taten alles um nicht zu kentern!
Unsere Ingenieure brauchten einfach mehr Zeit...
Noch waren ...spezielle Reparaturen nicht bereit!

Langsam: kam der Feind an Bord,
Aber sicher: sann er auf heimtückischen Mord!
Kämpfen und sich gutem Benehmen verweigern!
Lieber prügeln sich Piraten die Scheiße aus den Leibern!
Vom Laderaum bis ins Krähennest...
Von weitem betrachtet: WAS FÜR EIN FEST...
(Nebenbei bemerkt: am liebsten dort, mag ich es!)

Ein Mechaniker brachte erwartetes Wort:
Keinen Moment zu spät… abschließenden Rapport!
Eine aufgewühlte See, gelinde gesagt...
Lockt das Biest an! Die … Party wird vertagt!!
DER KRAKEN! Erneut aus des Ozeans Tiefen...
Muss uns gefolgt sein, grad so, als ob wir ihn riefen!

Aus dem Wasser schossen Tentakel hervor...
Wahnsinn!!! Hysterische Manie, wie nie zuvor!
Wir entkamen als Zeppelin! Und mit Passion:
Sahen von oben ein monströses Maul in Aktion...
Verschlang die schrumpfenden Piratenschiffe recht fix,
Eins nach dem anderen, wie Fisch und Chips...

[Kneipenschlägerei auf Orkisch]

Yeah! ...schafften es zurück nach Scumport!
Einige bedankten sich bei ihrem lieben Gott...
Nun verhält es sich aber so:
Nach dem Abenteuer ist vor dem nächsten...
Zwischenzeitlich tut ein jeder das am besten...
Was ihn glücklich macht und froh:
Einige feiern, andere ruhen sich mal richtig aus,
Bewegen ihre hübschen Hüften...
Sammeln Tipps, beginnen Geheimnisse zu lüften!
In Kneipen oder im Freudenhaus
Und dadurch lässt sich (der nächste) Ärger stiften...

Das Problem: die monatliche Kneipen-Sause!
Orks erwarten recht sportlich
Ihre Rückkehr… sehr… sehr… durstig!
(Oft) direkt mündend in Kneipen-Haue
Herbeigesehnt von Ork- Mann und Fraue!
Erwartet von ihnen und ihresgleichen,
So… das gehört also zur nächsten Aufgabe,
Echt sexy… Fühlt sich gut an … keine Frage!
Wenigstens für die … paar Saufbolde unter uns!
(Nur ein paar? … Orkbier ist involviert! Mädels!! Jungs!!!)

Die Kneipe steht direkt neben der Arena,
UND Blutige Zwillinge Saison ist gerade!
Das allein ist schon Grund hier zu warten,
Hab ich deine Neugier geweckt? Witterst den Braten...
Lass uns einen genaueren Blick
(Werfen, auf des Spiels geschick,)
Auf das Gesamtkunstwerk, sollen wir?
(Nebenbei bemerkt: Hätt' gern noch ein erfrischend' Bier!)
Wart' mal! Ha, es geht los… DING, DING, DING!
Die Wettkämpfer betreten (endlich) den Ring!

LEEETSSS GEEET READDDYYYYYYYY TOOOO RUUUUUUMBLEEEEE?!!!!!
In die Kneipe kamen damit herein gewankelt...
IN DER LINKEN ECKE: die Hooligans...
Ups, ich meine ...ultra FANS!
Vom TEAAAAM 'HAFENKRAKEN besessen!!!
Die schönsten von Scumports Hackfressen...
IN DER RECHTEN ECKE: (direkt an der Bar)
Präsentiere: kein bisschen weniger sonderbar
(Nach Ork-Standard) die FANS des Gast Teams:
Die (frostigen) GEFRIERBRAND BERGQUEENS!!!

Totenstille! Die… Teams erblicken sich...
Mustern sich von unten bis oben...
Einen Moment sieht's aus als wären's sich gleichgültig...
Jemand spuckt… Dann kommt der erste Stuhl geflogen!
Und damit… geht der erste Ork zu Boden!
UND DAMIT… GEHT DIE KNEIPENSCHLÄGEREI IN IHRE ERSTE RUNDE:
Zwei Wellen von Orks treffen aufeinander mit markerschütterndem Krachen!
Dabei erklingt aber auch irrwitziges Lachen...
Jemand brachte sogar einen blutigen Bluthunde!
Der nun in Ork-Hintern beißt, mit sabberndem Munde...
Fäuste, Fänge, Zähne kreieren so manch' Wunde!
Schnitte, blaue Flecken gibt's frei Haus in diesem Verbunde!

Die zweite Runde wird gestartet,
Als der Wirt Seifenwasser verschüttet...
Direkt in die verkeilte Rauferei!
MEHR RUTSCH-SPASS FÜR ALLE! EIJEIJEI!!!
Stell's dir vor als Ballet auf Eis… mit Orks!
Die sich gegenseitig die Schnauze polieren… UUUH, DAS ROCKT!
Mehr Gäste und Gastgeber landen auf dem Boden...
Manche stehen schon wieder auf, wollen noch mehr toben!
Manche bleiben unten… Die sind schlauer
Am Ende wird jeder etwas mehr sauber...
(Und ist es Sonntag bei diesem spielerischen …Bad:
Dann zählt es doppelt, auch als Waschtag!)

Und was machten wir? Fanden es unterhaltsam!
Hielten uns dabei eher im Hintergrund…
Das ist bei Orks mitunter ratsam:
Würden unter ihnen auffallen, wie ein bunter Hund.
Solch faszinierende Darbietung muss man genießen!
Um weiter hier zu verweilen, besteht kein Grund…
Nein, es ist Zeit die Zeche zu begleichen!
Sollten wir den Besitzer jemals erreichen…
Bekamen einen heißen Tipp über eine geheime Adresse!
(Und das folgt als nächstes… wenn von Interesse?)

Questbook: Barden Edition

[Besuch beim Boss]

Erspäht…
Adresse… Anwesen…
…einfach zu finden!
Begründet durch den Eigentümer:
Kriminelles Clan Oberhaupt! Irgendwelche …Thesen:
Welche Komplikationen lassen sich hier bestimmen?
Wie wird man ein Organspender?
Nun… Bereitschaft zu investieren…
Durch Schwur binden?!
Komme näher?
Verschmäht…

Wachen!
Weitere Sicherheitsmaßnahmen?
Ein großer Zaun!
Für den Anfang: Wachposten…
Fallen… Grace und Irthos wahrnahmen!
Für Attentäter und Späher ein Traum…
Als Druiden Rattenschwarm… vorbei lotsen!
Eine freie Stunde haben…
Nutze gewährten Freiraum!
Zukünftig auskosten
Blutlachen…

Meinesgleichen:
Zurückhaltende Überwachung…
Aus der Ferne…
Nicht geschaffen fürs Heranschleichen!
Auch Grimoria, Zauberin, von Gewaltanwendung
Kein Freund! Tut's bei weitem ungerne!
Spare Rüstungsgequietsche für spätere Zeiten…
Für die nötige Rückendeckung!
Unter den Sternen
Wiedervereinigung bestreiten…
Auszeichnen!

Attentat!
Später erfahren…
Bei der Nachbesprechung,
Methodisch aufgearbeitet, wie immer.
Was passierte drinnen. Wissen erlangt:
Wachen verschnürt, gefesselt, keine weitere Bedrohung,
Pate ist eingesperrt ins Badezimmer.
Zu einfach… Bereits angespannt?
Eine übersehene Bewachung!
Verdammt… schlimmer!
Abgestraft…

Zeitpunkt:
Ist gekommen!
Beschwöre Dunkelheit herauf!
Die Zauberin wirkt Stille…
Im Innenhof! Erstes Hindernis genommen!
Die verbliebenen Wachen geben schnell auf!
Wachhunde: keine Herausforderung meines Willens…
Zu störender Ablenkung verkommen!
Nimmt gnadenlosen Verlauf!
Eingeschworener Ziele…
Erfüllung!

Wollknäuel Intermezzo
[Diana, die Katze der Hexe]

Ich kenne 'ne Hexe mit 'ner schwarzen Katze,
Welche in ihrem Schoß schläft, mit zuckender Tatze.
Schnurrt zu den schnuckligsten Träumen,
Bis sich wegen ausgelegter Karten ihre Haare sträuben!
Krallenbewert fährt die Katze auf…
Dafür kriegt sie aber keine von der Hexe drauf.
Sie hat es wohl vorhergesehen,
Deshalb sich Hex' und Katz' gut verstehen…

Was könnte ich noch erzählen über die Katze?
Ist normal, dass Katzen schlafen mit zuckender Tatze.
Vielleicht das: eines Tages hatte sie geträumt,
Danach sprach sie, dass es einem die Haare sträubt.
Sagt Flüche in menschlicher Sprache auf!
Worüber? Auf ihrem Teller wären zu wenig' Mäuse drauf!
Meistens hat das aber ihre Hexe vorhergesehen,
Hexe Samantha, so lieb reizend! Kannst du (mich) verstehen…

Um sie beneide ich die Katze!
Würde gern bei ihr schlafen (zur Not mit zuckender Tatze)!
Ich geb's zu: davon hab ich schon oft geträumt…
„Dann frag sie!", wundert's euch, warum's mich sträubt?!
„Mit mir ausgehen?" Ich geb's auf!
Mit mir einfachem Sterblichen? Wie käm' ich drauf?!
Sie wird lachen… Habs vorher gesehen…
(Vielleicht doch nicht… Hmm… Ich würde sehnsuchtsvoll vergehen…)
Nun denn… Wünscht mir Glück! Bin sicher, ihr könnt mich verstehen…

[Bei der Wahrsagerin]

Wir reisten mit unserem Zeppelin,
Fanden eine Insel in den Wolken drin!
Hat was zu tun mit 'ner magischen Bohne,
Ein … Geschenk von Scumports Don Capone.
Sehr nett von ihm, eh? Kommt nicht von ohne!

Ein Loch in diesem schwebenden Land,
Ist dessen natürlicher Hafen.
Dort hindurch rieselt der feinste Sand,
Rieselt langsam über dessen Rand,
Sacht' wie der Klang von Harfen…

Wir marschierten durch dichtes Dickicht hindurch,
Erwehrten uns manch' Unhold im Zwielicht!
Stießen auf 'ner Lichtung auf 'nen Wagen, ohne Furcht,
Denn in diese Stille bellendes Lachen hinein bricht,
Von unserem Untoten, mit jeglicher Freude Verzicht!

Auch unser Barde weiß zu berichten:
Von einer Episode in schattiger, hohlen Gasse…
Hach… Diese alten, erwärmenden Geschichten!
Wollten Waffen beschaffen aus der Gruppenkasse.
Ein Abstecher mit 'nem Waldelf', 'nem ziemlich lichten…

Der Wagen: immer noch von Moos überwuchert.
Ebenso gilt es immer noch gebrochenes Rad zu fixen.
Wahrscheinlich hat sich noch niemand dazu geäußert,
Ansonsten könnte es die Besitzerin selbst ganz …hexen!
Es fehlen auch Zugochsen! Vielleicht vergangen… Veräußert?!

Durch ein kleines Fenster scheint spärliches Licht.
Bevor 's jemandem einfällt, ein Freiwilliger zu sein,
Sagt der Untote: „Wartet hier und folget nicht!"
Und betritt damit den Wahrsagerwagen allein!
(Erneut) allein… Mal sehen, was er mit Samantha bespricht!

„Bist nicht hier für … mich! Suchst mein weisendes Wort…
Also komm rein, schließ' die Tür, nimm bitte Platz."
„Wäre ich hier für dich, wärst du doch längst fort?!
Könntest du mich denn aufhalten mit 'nem verzauberten Satz?"
Von ihr kommt kein Laut… Kerzen flackern dafür als Antwort!

„Dich aufhalten? Vielleicht noch… Im Jetzt…
Bin nicht sicher über dein späteres … Leben!"
Und damit schauen sie bereits genauer auf die verwobenen Fäden…
Vom Alten Schicksal! Dem Start dieser Séance entgegen,
Bereits in das was noch kommt, versetzt…

Grim wirft 'nen genaueren Blick auf die Hexe:
Es scheint Samantha hat ein viel jüngeres Gesicht!
Und wo ist der hässliche Buckel mit der Krätze?
Aber unser Eidbrecher wundert sich eben nicht!
…ist ganz normal, wenn man sich mit Magiern bespricht…

„Ich bin das Gefäß, welches überläuft, deut' ich dir!
Du bist noch der Gehängte, welcher abwartet!"
„…und zu meinem …Bedauern ist der Narr noch bei mir!"
„…der Gaukler! Er hilft! Sei sein Humor auch anders geartet!"
„Hilft er?" „Aber ja! Fühlst du es nicht im jetzt und hier?!"

„Aber vor Gericht war er nichts wert!!"
„…so sicher? Aber auf welches …Gericht beziehst du dich?"
„…meinst du etwa sein …Beitrag am Schwert,
Bei der Auferstehung der Toten, so unheilig?"
„Dein ist der Karten finale Deutung, mir bleibt sie verwehrt!"

„Was ist mit dem Rest deiner …Gruppe?"
„Von sieben Schwertern blieben nur fünf zurück!"
„Diese …Verluste waren sie Folge eines Gaunerstück'?
Du erwähntest: Raub, Schwindel…" „Kampf in erprobter Truppe!!
Erjagten Reichtümer und so manches Glück…

Einige durch Diebstahl, Entlohnung oder Lehen!
Einiges verloren wir so schnell, wie wir es erhielten…
Einige dieser …Freunde: wurden nie wieder gesehen,
Es scheint, dass sie dadurch ihre Bestimmung erzielten!
Nun so reich, sie zum Scheißen nur goldene Bettpfannen wählen!"

„Und du? Hast einen neuen Eid zu …wahren?"
„Unverändert der von Vergeltung und Rache!"
Samantha erschauert… Fühlt sich unwohl, ohne jegliches Behagen…
Auch die Katze im Schoß, möchte sich über die Ruhestörung beklagen…
„Denke dennoch: bin näher an der Erfüllung meiner Sache!

Du musst wissen, ich habe sie gefunden!
…fand meine Königin der Stäbe!
Sie ist bei mir!", erklärt Grim unumwunden,
„Schloss sich uns an, ohne lange Rede,
Aus der Gefangenschaft, half sie mit einem …Auswege…"

„Vielleicht vernahm sie deinen Ruf?"
Glühend' Augen, brennend rot…
„Aber ich traf weder auf den Teufel …noch auf Tod!",
Grim als düstere Antwort erschuf.
„Nicht bisher …noch im rechten Lot!"

„Also brauchst du keine neuen Karten!
Es gibt keinen Grund sie neu zu legen…
An des Barden Seite sollst du Schicksals Erfüllung erwarten!"
„Ein Fluch an sich… dies mit ihm zu durchleben…"
„Dennoch… harte Feldarbeit wird reiche Ernte geben!"

Also… du sagst: …werd's sehen, bevor ich sterbe…
Soll geduldig ausharren, der Dinge die da kommen…"
„Verborgen ist deiner Taten Erbe!"
„…habe den Jagdruf meiner Geister vernommen…
Bis ich schlussendlich frei sein werde…

…oder es mein Untergang sein wird?!"
Alle Kerzen flackern, spärliches Licht erstirbt!
…nur um sogleich wiedergeboren zu werden!
Grim ist nicht überrascht… Kein Anzeichen von Beschwerden,
…in Anwesenheit von Wahrsagern, dies völlig normal wirkt…

So schert es ihn keinen feuchten Deut…
Der Obolus ist entrichtet, wird nicht bereut,
Hat dieses Omen ein zweites Mal bezeugt!
Es ist, als ob er in der Vergangenheit erwache…
Nun… der Zukunft entgegen: „Mein ist die Rache!!!"

[Tanz auf dem Vulkan]

„Sind wir schon da? Sind wir schon da?"
Schallt Es wie ein Sonett so …wunderbar!
Grace genervt: Klappe! Oder ich schließe sie für dich!
Oder soll ich Grim fragen? Verstehst du mich?!!"
Ein halbes Stundenglas nach ihrem Aufbruch,
Hat Jayke, unser armer Barde, bereits genug…
Okay… Der Pfad ist auch sehr steil!
Und der (vorerst) tiefe Schnee tut seinen Teil!
Damit hat Irthos, der Späher, kein Problem.
In seiner Rüstung sieht man Grim behände gehen!
Durch heißen Zorn allein ist der Schnee wie weggebügelt,
Gedanken an den Erzfeind: schon ist er beflügelt…
Druidin Luisa in ihrer Spinnenform
Kommt gut voran, ist ganz weit vorn…

Sie bietet sogar an, Jayke zu tragen!
„Ich akzeptiere, ansonsten müssten wir den Auftrag vertagen!
Ihr seid alle viel schneller als ich…
Hmm… Meine Instrumente… das ist es sicherlich!"
Schon (!) fängt er wieder an zu singen.
Dem Gesicht will bereits ein breites Grinsen gelingen.
„Ein Wunder wie schnell deine Heilung geschah",
Grummelt Grim (und wünschte seine Ohren wären nicht mehr da!)

Den Berg hinauf! Stetig ist ihr …Fortschritt…
Schneebedeckte Hütten fallen hinter ihnen zurück!
Aber sie begegnen keiner einzigen Seele…
Ohne Ablenkung hindurch, durch jede Schneewehe,
In absoluter Stille… (Würde Jayke nicht existieren.)
Wird Grim etwas unternehmen? Kann er sich kontrollieren?!
Dann… die Schneedecke nimmt langsam ab.
Hitze steigt auf, mitunter glüht es matt…
Der Schnee schwindet. Zurück bleibt nackter Fels.
Eine leblose Wüste, aber Grim gefällt's.
Kein einziges Gewächs in des Gerölls Ritze,
Rauchschwaden sind zu sehen an des Berges Spitze.
Ein stetes Beben erschüttert den Boden,
Sulfurgestank in dessen Beschaffung verwoben!

„Bei meinen Göttern! Haben wir 'ne Verabredung?
Gebäck und Tee! Zu unser aller Belustigung...
Mit dem Teufel selbst, nach all diesem Schnee?"
„Närrischer Narr! Du hast keine Idee!
Was es bedeutet, in der Hölle zu leben!
Ich war dort…!" „Ja, ja! Ich erinnere mich eben…
Oft genug rezitiertest du dieses …Märchen!"
„Ignorant! Wie ein Baby würdest du dich fürchten…"

Für einen Moment wird Jayke todernst.
„Über meine Vergangenheit hast du nichts gelernt!
Doch nun gestattet: der Mann des Rampenlichts wird übernehmen…
Ein kleines Gedicht gefälligst, um die Moral zu heben?
Oder vielleicht eine Ballade über das Kriegshandwerk?
Beachte die feinen Details, im Witze vermerkt!"
„Details, wie all die Tragik und die Trauer?!?",
Sagt Grace. „Sicher! Kommt ruhig runter von eurer überhöhten Mauer!",
Antwortet Jayke, zuckt die Schultern recht unhöflich…
Bevor er ansetzt fröhlich (!) zu singen… Unmöglich!!
Urplötzlich halten alle in ihrer Bewegung ein!
Ein Signal vom Scout… Scheint dringend zu sein!
Er ist jetzt an der Spitze. Genau am Rand!
Vorsichtig… schleichen unsere Helden heran…

In die Ferne erstreckt sich eine runde Symmetrie.
Unter ihnen eröffnet sich eine höllische Szenerie…
So groß schätzen sie die Öffnung im Berge ein:
Eine ganze Metropole passt problemlos hinein!
Eine Stadt aus Asche und Flammen und kochendem Stein…
„Dort drüben! Der Tempel! Dort muss der Thron sein…"
„Aha! Da liegt also der Wanderschaft Ziel!",
Sagt der Barde, betritt einen Pfad abwärts (und denkt sich nicht viel…)

„Barde!!! Was bei allen guten Geistern tust du?!!"
Jayke reagiert nicht, hält stur auf sein Ziel zu!
Läuft weiter vor aller Augen den Pfad hinab…
Ihn allein lassen? Besser nicht! Also zu ihm, bergab…
„Schön das ihr es einrichten konntet, Kameraden!
Sammelten wir nicht genug Erfahrung durch vergang'ne Taten?
Kommt schon! So oft haben wir einfach improvisiert…
So oft Wachen Lügen daumendick aufs Brot geschmiert!
Immer noch unsicher? Dann folgt mir doch einfach!"
„Narr! Werde endlich aus deinem Tagtraum wach!
Dies ist kein Kampf in einer Hinterhofgasse!
…aber erleuchte uns! …entsprechen wir nicht deiner Klasse!
Teile mit uns deine bardischen …Weisheiten!
Und was du suchst mit ihnen zu erreichen?"

Der Barde enthusiastisch: „Blickt euch doch um!
Ihr seht andere Reisende um uns herum…
Wir müssen ihr Verhalten doch nur nachahmen.
Kein Grund Götter zu behelligen oder deren Schamanen!"
Nun gut … Unsere Abenteurer blicken sich um…
Und in der Tat, sehen sie andere Reisende um sie herum,
Welche in kleinen Gruppen wandern, als auch reisen,
Und einer wird getragen, wie wertvolle Ware oder Speisen…

Funkelnde Augen zeigen das Grim zustimmt!
(Wenn Du sein … Gesicht sehen könntest… er den Helm abnimmt.
Du würdest ein … verknöchertes, aber breites Lächeln sehen.
Nach 'ner Weile … könntest du dich dran gewöhnen,
Aber er zieht seine Rüstung ja sowieso nie aus,
Das hatten wir schon! Also was lernen wir daraus?
Warum nur ist unser Untoter so … vergnügt, gar fröhlich?
Ach, diese Überraschung zu verderben, wäre mehr als unhöflich!
Dies einfach zu beantworten, würde dich nur verärgern!
Vorerst: ist's ihre Verkleidung, hinter der sie sich verbergen…
Also zurück zu unseren formidablen Helden:)
Grim packt Jayke und trägt ihn von neuem.
„Warum? Ähm… Nett von dir, mein Freu-end!"
„Gaukler, fang nur nicht an dich auszuruhen!
Es ist eben das, was all die anderen tun!"

„Hmm, so ziemlich jedermann in Sicht…
Gut beobachtet! Für dich dies spricht!"
So passieren sie das (kaum bewachte) Tor!
Wie all die anderen, neuen Gäste zuvor…
(Wird sie bald das gleiche Schicksal ereilen?
Werden sie bald das gleiche … (gesegnete) Los teilen?
Bald werden unsere Abenteurer erfahren, was sie erwartet…
Werden aufdecken, was das Alte Schicksal für sie parat hat…)

Am Ende der steinernen Allee liegt der Tempel,
Bewacht von einigen entflammten Elementen,
Monstrositäten erschaffen aus Stein und Feuern,
Eingeschworen auf ihren Gott, nicht anzuheuern.
Gott des Magmas und Infernos … Oh, welch feuriger Titan!
Oh, du hitziger, unbarmherziger Gott des Vulkan!
Gruppen vor ihnen erklimmt den Weg zum Tempeldach,
Hier und da wird jemand auf Stühlen gebracht,
Aber das scheint freiwillig zu sein.
Ist nicht Voraussetzung der zu erwartend' Glorie Schein…
Gleiches gilt für die Fesseln, Knebel und Ketten…
Ach, wenn unsere Helden nur solch schöne …Deko-Elemente hätten!
Zu einer großen Rampe folgen sie dem Wege,
Dort sammeln sich die …Opferlämmer, in einem Gehege!

Ein Priester hält 'ne Rede mit finsteren Worten…
Ein paar Gesten, ein Hebel, die …Gäste werden geworfen
Hinab zu dem gähnenden, infernalen Grund!
Der Barde hegt Zweifel! Abzeichnende Krise tut sich Kund…
„Lass mich runter, Grim! Sofort! Ich bestehe darauf!"
„Bleib ruhig! Die Tarnung! Wir fliegen doch noch auf!"
„Lass mich runter! Ich pfeif auf diese Tarnung!"
„Bleib ruhig! Die Wachen bekommen eine Ahnung…"

„Gibt's ein Problem mit der Darreichung?",
Fragt ein Wächter, als er hinzukommt…
„Nein, kein Problem! Nur ein …kleines Missverständnis…"
„Gut! Klärt das! Werdet uns nicht zum Verhängnis!
Unser Gott ist fordernd! Stets zufrieden gestellt…
Ist sonst vorbei mit der Stadt, dieser unseren Welt!
Also… Begebt euch nun in seine göttliche …Fürsorge!"
Grim antwortet: „Um ihn zu opfern, sind wir an diesem Orte!"

Der Wächter ist zufrieden: „Eilt euch! Es neigt sich der Tage…"
„GENUG! HALTET EIN MIT DIESER MASKERADE!
NICHT EINEN SCHRITT NÄHER AN DIESE RAMPE…
Grim, bin enttäuscht! Dachte sind mehr als nur …Bekannte?"
In den Augen ein Funkeln, im rot glühenden Glanze:
„Barde! Leider siehst du nur selten das große Ganze!"

Der Disput wird bemerkt und zwar sofort!
„WACHEN ZU MIR! ICH RIECHE EINEN KOMPLOTT!"
In einem Augenblick ist das Schlachtfeld erschaffen,
Zur Tempelspitze rennen die Wachen.
Im Kampf sind unsere Helden schnell wieder vereint!
„Werft uns entgegen wen ihr wollt! Wer auch erscheint…"
(Vielleicht doch etwas zu viel des Übermutes?
Wird so gleich beantwortet durch flambieren des Blutes!)

Magmabiester stürmen heran in Schwärmen…
Grim tritt vor und beginnt sie abzuwehren:
„IHR KÖNNT NICHT VERBRENNEN,
WAS NICHT VERBRANNT WERDEN SOLL!
ERST MÜSST IHR MEINEN WILLEN BRECHEN…
KÖNNT NUR BESCHWÖREN: GRAUSAMEN GROLL,
BEIM VERSUCH ZU TÖTEN, WAS BEREITS TOT IST!"
Und damit startet er des Kampfes Zwist.
„KOMMT HER UND ZERBRECHT AN MEINEM SCHILD!
SCHMECKT MEINEN MORGENSTERN, SO IHR GEWILLT!
UNHEILIGE ENERGY HALT' ICH BEREIT,
DUNKEL UND DIABOLISCH: GEFALLENER GOTTHEIT!"
Ab und zu bricht ein Monster Stück für Stück!
Aber langsam drängen sie unsere Helden zurück!

Auch die anderen tun was sie können!
Den Feind zu bekämpfen! Vertreiben von hinnen…
Gut, dass Grace magische Waffen mitbrachte,
Manch Wunde bei diesen Titanen sie so verursachte...
Aber für jedes zerstörte, zwei neue erscheinen!
Gefangen auf der Rampe: kein Ausweg verbleibend...
So ist es der ganzen Heldengruppe Ende?
Oder folgt im letzten Moment, die glückliche Wende?

...

Rücklings in den Abgrund gestoßen!
Geöffnet ist die Erde, unter großem Tosen!
Der Vulkan wird sie schlucken, unsere Abenteurer!
Ooooh, welch Tag des Leides und der Trauer!
Plötzlich erscheint der Vulkangott höchstpersönlich,
Wird er wohl helfen? Zeigt er sich versöhnlich?
Wäre es nicht ein Zeichen von größter Gnade?
…oder doch zu viel einer unangenehmen Kontroverse!
(Vulkangott ändert plötzlich seine Meinung…
Kam mir nie zu Ohren, von einem der seinen Erscheinung!)
Unsere Abenteurer fallen tiefer und tiefer stattdessen…
…das infernale Maul öffnet sich, um sie zu fressen…
Aber wartet, seht genau hin! Haltet ein...
Die wachsende Öffnung wird ein Portal sein!

Düsterer Epilog:
[Das Erstarken der Finsternis]

In einem Turm sitze ich auf meinem Throne,
Gefertigt aus Schädeln und verbranntem Sand…
Wache ich über dies' geschwärzte Land:
…keine Erinnerung existiert an das Licht der Sonne!
Hier sitze ich: herrsche über Tod mit Inbrunst und Wonne…

Meinen Augen entgeht nichts,
In dieser Ebene der dumpfen Taubheit…
Ich spüre alles, was stirbt und zerbricht,
…trägt bei, zu meiner Zufriedenheit!
Ich höre den Schmerz in Schreien voller Leid…

Plötzlich, etwas erregt meine Aufmerksamkeit!
Ein Funkeln in sternenloser Dunkelheit…
Ein Ring aus Feuer öffnet den aschgrauen Himmel!
…etwas fällt hindurch, hartem Aufprall geweiht,
Zeichnet eine goldene Linie, wie des Irrlichts Gewimmel…

Ein Leuchtfeuer in diesem endlosen Friedhof…
Sie landen in einem Knochenhaufen, mit Müh und Not!
Somit zerschmettern nicht nur ihre Gebeine und Gebiss!
Durchschlagen ist uralter Katakomben Fäulnis!
Einer Rede gleich, am Grab der Verdammnis…

Ich spüre… Ich kenne einen von ihnen…
Ah, ja! Ein Knecht kehrt zurück, um zu dienen!
Mit Kette und Peitsche werde ich ihn in Empfang nehmen!
Diesem Eidbrecher fehlt jedwedes Benehmen!
Ich werde ihn brechen! …er wird im Staub vor mir knien…

Reiner Zufall? Warum gerade jetzt?
Sei's drum? Lasst sie nur kommen…
Der Gefallene… Seine Freunde, gehen mir ins Netz!
Das Voranschreiten wird nicht zurückgenommen…
Der Plan ward geschmiedet! Das Ende gesetzt!

Bald tritt der Feldzug in seine nächste Phase:
Das Verschmelzen der Sphären der Lebenden und Untoten…
Etabliert wurde bereits eine erste Passage…
Der Irrsinn verbindet in wahnhaft' dunkler Rage:
Das Wachsen der Finsternis! Unheilvoller Vorboten…

Und ich…? Ich brauche nur abzuwarten…
Abzuwarten, dass sie zu mir kommen!
Es wird zu spät sein, ihre Zeit ist verronnen!
Sie werden meiner Erbarmungslosigkeit niemals entkommen…
Ich werde sie zermalmen, diese unwürdigen Renegaten!

Anhang A:
To face the dragon! The (not so) well known faerie tale of
the hero and his arch enemy in two acts*...

[Hero's Act]

Hero:
„One day I will face the dragon...
Then his skull will see some crackin'!
His hoard will be mine, I will be rich!
Of my twelve brothers, Is it I of which:
Stories of my adventures will be told!
Of my fame and glory, so behold!

All my brothers rode their horses in pride,
When they left the castle ready to fight,
This mightiest of all the biest',
They must be so rich now, that at least,
They found their own kingdom far away,
(Because that is where these days they stay...)

You see, it's a family tradition:
Slay a beast and fulfill the vision
Of the old, wise woman's wish,
A promise at my birth: to become rich,
Get independent, an adult and keen...
(With the downside: never again to be seen...)

So... I chose a big (but wooden) shield!
In my hand my sword is revealed!
(That is actually a wooden stick...)
And as war horse 'Liselotte' I pick!
(That is actually my most liked cow...)
So... onward I ride to the damned dragon... (somehow) now"

*yes, in English :)

[DRAGON'S ACT]

DRAGON:
„WELCOME TO YOUR DOOM, NEW CONTESTER!
I ADMIRE YOUR... OUTFIT (FOOLISH, SMALL JESTER)
NICE OF YOU TO BRING THIS... RIDE,
(I GUESS, AS FIRST COURSE IT WILL DO ALRIGHT)
ALSO NICE THAT YOU DID BRING
THIS TOOTH STICK OF YOURS (THE THING YOU SWING...)

SO... INTO MY MOUTH NOW, THE... HERO GOES!!!
YAMMY! NOT A BAD VINTAGE (DOWN MY THROAT (BLOODIED) HE
FLOWS)
THIS... TASTE REMINDS ME OF OTHER... HMM... AH! EXACTLY!
ON 12 OCCASIONS, IF I REMEMBER CORRECTLY!
SO, A GOOD BARGAIN, THAT WAS ONCE DONE,
WITH THIS OLD WISE WITCH (CAUGHT HER ON THE RUN...)

YES, YES, SHE TOOK SOMETHING FROM MY(!!!) HOARD...
NEEDED IT FOR SOME BEWITCHING OF SOME SORT...
I DON'T MIND (NAH, ACTUALLY I DO!)
A BARGAIN, A PACT WE WERE GOING THROUGH:
SHE PROMISED REPARATIONS TILL HER (WELL DELAYED) DEAD,
TO SEND MANY... HEROS ON HER BEHALF INSTEAD!

SO YOU SEE: A DRAGON IS NO MINDLESS MONSTER...
THAT LOSES ITSELF (ALL TOO OFTEN) IN FESTIVE SLAUGHTER...
TAKE IT AS A BIT OF ADVICE FOR YOUR EDUCATION...
TRUST NOT EVERY (GOOD) FAERIE ON EVERY OCCASION!
MORE IMPORTANT: NEVER EVER STEAL FROM MY HOARD...
OTHERWISE YOUR LIFE SEES A TIMELY ABORT!"

Anhang B:
Regeln für das Spiel "Blutiger Zwilling"

Hierbei handelt es sich um eine Fantasy-Football-Version für Dein Lieblings-Rollenspiel (nur auf Eis mit Billard-Eigenschaften), das mit Deiner persönlichen Heldenbande gespielt werden kann.

Der Spielleiter (GM) führt normalerweise das gegnerische Team UND den "Ball". Mitunter sind ein paar Anpassungen an den Regeln durch den GM in Bezug auf die eingesetzte Heldengruppe erforderlich. (Bisher habe ich hauptsächlich mit vier Level 5 Helden gespielt)

Zuerst wird eine Arena benötigt. (suche im Internet, besuche deinen Lieblings-Spieleladen oder zeichne einfach eines). Es benötigt (ungefähr) 15 x 26 quadratische Felder, in die Deine Figuren hineinpassen. (Aber hier kann der Kreativ freien Laufen gelassen werden... bitte, bitte! (Und schickt mir Bilder!)).

Spielregeln:
- Zuerst wird die Zugreihenfolge bestimmt. (Gewöhnlich durch Auswürfeln der Initiative). (Für jeden Helden, jede Gruppe von Monstern und das Ballmonster (BALL). Im Allgemeinen benutze ich einen Ettin, ein Monster mit zwei Köpfen! Deshalb heißt es „Blutiger Zwilling"! :D D:
- Die Helden und Monster bewegen und attackieren gemäß ihren „fantastischen Eigenschaften".
- Der Startcharakter (Spieler/Monster) beginnt mit dem „Anstoß" am Mittelpunkt des Spielfeldes. Stelle den auserwählten Charakter neben den BALL.
- Setze die Lebenspunkte (HP) des Ballmonsters entsprechend deiner Bedürfnisse, denn wenn sie auf 0 HP fallen, ist das Spiel vorbei (ich nehme normalerweise 500). (Es muss über die Lebenspunkte aller Figuren Buch geführt werden! s.u. Siegbedingungen)
- Der BALL hat auch seinen eigenen Zug. Er bewegt sich nicht frei!
- Er greift an, wenn sich mindestens ein Gegner in Nahkampf-Reichweite befindet. Ansonsten bewegt er sich

zufällig 1 Feld weit. Benutze einen 8-seitigen Würfel (W8), um die Richtung zu bestimmen (1 ist Norden, 2 ist Nordwesten, 3 ist Westen, ...).

- Es folgt eine zweite Aktion (der zweite Kopf hat seine eigene Meinung: "Hier lang ..." "Nein, da lang!") Nahkampf-Distanz? → Angriff! -> Ansonsten weitere zufällige Bewegung um 1 Feld.
- Es wird ein Punkt erzielt, wenn der BALL die Endzone des Gegners (wie auch immer) erreicht. Gewonnen hat der, der die meisten Punkte beim Niedergang (Erreichen der 0 HP) des BALLs hat.
- Das Spiel endet auch, wenn eine Mannschaft ausgeschieden ist (mit einer Niederlage für diese Mannschaft, versteht sich)! Weil du nicht nur den BALL angreifen kannst, sondern auch die gegnerische Mannschaft oder sogar deine eigenen Spieler! (Manchmal macht das Sinn! Weil man durch einen Angriff eines Charakter diesen über das Spielfeld schiebt, wie nun erklärt wird.)
- **Hier kommt der Spaß:**   Für jeweils 5 erlittene Schadenspunkte, bewegt sich deren Empfänger um ein Feld auf dem Spielfeld. Er bewegt sich in einer geraden Linie vom anderen Spieler weg (wenn diagonal angegriffen wird → bewegt er sich diagonal weg!). Wenn er mit seiner Bewegung auf einen weiteren Charakter trifft, stoppt der ursprüngliche Empfänger des Schadens und dieser andere Charakter bewegt sich den Rest der Felder (wie in Billard), jedoch ohne Schaden zu nehmen (Standardregeln. Dies kann natürlich jederzeit an blutrünstige Bedürfnisse angepasst werden ...). Fernangriffe, etwa mit Pfeil und Bogen oder Zauberei ist natürlich ebenfalls möglich (evtl. muss hier vom GM eingegriffen werden, aber grundsätzlich ist alles erlaubt!)
- Wenn ein Charakter die Seitenlinie berührt, prallt er im gleichen Winkel ab. (wieder wie in Billard)
- Mein Standard-GM-Monsterteam besteht aus drei Orks und einem Troll (mit Regenerationsfähigkeit -> Gliedmaßen bewegen sich von selbst, falls vom Trollkörper entfernt ... sehr interessant). Aber auch hier gilt es, kreativ zu sein!

Macht es zu eurem Spiel und passt es dementsprechend an. :)

- Weil es natürlich ein faires Sportspiel ist, sterben die Helden nicht, wenn sie 0 HP erreichen. Dies hängt aber auch ein wenig von der sadistischen Stimmung des GM ab. ;)
- Wird etwas anderes als „BALL" verwendet, z.B. ein Drache, schreit dies geradezu danach den Regelsatz des Balls neu zu schreiben!
- Viel Spaß :D

Anhang C – Prequel*:
[Folgt dem Barden!]
(„Adaptiert" von Jayke, dem Barden)

Einst hat es sich zugetragen,
Der Lenz ist Grad erwacht,
Ein Barde betritt ein Wirtshaus,
Draußen herrscht gar finstere Nacht,
Er hat buntes Gefolge mitgebracht,
Nach Anstellung sich zu erkünden,
Eine neue Firma gilt es zu gründen.

So treffen sich derer Fünfe,
Unterschiedlichster Natur.
(Hanz, der Knecht, hat löchrige Strümpfe.)
Hexenmeister Eto hat Hörner und Hufe nur.
Halbelfin Grace macht vom Meer 'ne Kur.
Zwergin Mardred, muskulös anzuschauen,
Würd' gern Koh, den Höhlenelf, stets verhauen!

Zu mitternächtlicher Stunde,
Ein mantelvermummter Gast,
Bringt rätselhafte Kunde,
Einen Schatz zu heben mit gebührender Hast.
Zustimmung der Abenteurer. Vorm Aufbruch noch des Nächtens Rast!
Hinein in den tiefen Fabelwesenwald,
Zutritt zur Räuberburg verschaffen sie sich so als bald.

Neben dem versprochen Schatz,
Finden sie nicht völlig allein,
Vervollständigen die Firma ohne Hatz,
Untoten Eidbrecher Grim sammeln sie ein,
Waldelf Röl tritt in die Gemeinschaft ein.
Der Abenteurer weise Voraussicht sei gepriesen,
Sind bereit sich des Bardens Führung anzuschließen!

(*nachzulesen in Prosa-Form in: „Quest-Book!: Die Chroniken über die Abenteuer
der Grabräuber GmbH &Co. KG")

So reisen sie mit neuem Gespann,
Bereits zum nächsten Abenteuer hin,
Zur Zitadelle der Schwärze, als dann!
Der Barde, wer sonst, kommt mit einem Plan dahin:
Schon stecken sie in der Zirkustarnung drin!
Vortrefflichst an einen Zauberer sich anzuschleichen,
Und ihn auf geschickte Weise zu ergreifen!

Sie führen die Goblins ordentlich an der Nase rum.
Verstricken sie in ihre List.
Als Wachen sind die ziemlich dumm.
Den Zauberer erreichen sie nur fast: Oh Mist!
Entbrennt 'ne Jagd durch seinen Turm, bis der erklommen ist!
Und erst beim Sprunge von diesem,
Eto und Grim ergreifen den Zauberer, den fiesen!

Unser Freund der Hexenmeister,
Befreit bei der Gelegenheit,
Ein Magmon, Menschenfresser heißt er,
Folgt ihm von da an mit Ergebenheit,
Zu manch Dressur zeigt sich bereit.
Währenddessen erfreuen sich die Krieger sehr,
An des Barden Kriegslyrik und Mär.

Alle zeigen sich so begeistert,
Von des Barden Sang und Kunde,
Wenn es einmal heißt: jetzt verreist er!
Wer nur, wer macht mit ihm die Runde?
So das genutzt wird jede Stunde!
Um zu erproben neuesten Tanz,
Ausgelassener Gesang und Mummenschanz!

Des Barden Geschick gilt's zu beweisen,
Beim Beschaffen von Kriegsmaterial,
Gefertigt aus dem vortrefflichsten Eisen,
Verziert mit des Familienwappens Mal,
Erwählt auf dem Markt den Schmied, ganz ohne Qual.
Handelt heraus den besten Preis,
In aller Munde ist des Barden Fleiß!

Das nächste Abenteuer beginnt ein wenig doof,
Dennoch tut er sich beim Feenvolk hervor,
Unterhält den ganzen Hof,
Bringt Künste, welche nie zuvor,
Erklangen in der Feen Ohr.
Die Gastfreundschaft der Feen ist legendär,
Ein Wunsch des Königs zu erfüllen, nicht schwer.

Ich, Jayke selbst, spiele eine besondere Rolle,
Bei der Bezwingung des Ungeheuer'!
Nicht der Rede wert, jedenfalls nicht dolle,
Kein Gedanke daran kommt mir, kein neuer.
Mein Leben scheint den Kameraden besonders teuer.
Zum Dank erfahren wir den Ort des Drachen,
Oinir, mit ihm gilt's, gemeinsame Sache zu machen!

Um die Plage aus Naraka zu bannen:
Untote! Verfluchte, klapprig, nicht die schnellen.
So dann ziehen wir als bald von dannen,
Vorerst uns der Armada des Feindes zu stellen,
Mit Feuer und Glut, der besonders hellen!
Schiff um Schiff fährt in die Tiefe,
Bald liegt das Meer ruhig, als ob es schliefe.

Und bevor er gerät in Vergessenheit,
Nun folgt die Strophe für den Eber!
Hielt sich tapfer für die Schlacht bereit!
Gut, das tat eigentlich ein jeder.
Festgehalten seine Tat, frei weg von der Leber:
Tapfer opfert er sich auf,
Verschwand im Drachenrachen in vollem Lauf!

Mit Graus erblicken wir das Land,
Dessen Verwüstung und Vernichtung!
Manch einer greift des Barden Hand.
Sucht Trost in dessen meisterhafter Dichtung!
Vortrefflich ja, weist sie die Richtung:
Vorwärts! Vorwärts! Hin zur Stadt Hera!
Volk haltet durch! Eure Retter sind jetzt da!

An den Mauern brandet der Feind,
Bricht gar gewaltig durch ein Tor,
Doch die Verteidiger sind noch geeint,
Nun macht Platz, leiht uns euer Ohr!
Im Schlachtgetümmel stellen wir uns vor.
Es gilt nur, kurz ein wenig Zeit zu schinden!
Die Drachen werden in den Staub die Feinde binden!

Gute Idee, einzig das Tor steht weit!
Der Rivale wird einfallen, unbarmherzig!
Der Barde hält stets 'nen Plan bereit!
Nicht Weihwasser, noch Knochenschutt. Pffft! Scherz ich?
Das Torhaus selbst schließt die Lücke schmerzlich,
Doch nur für den Gegner! Der Angriff stockt.
Ein Wüten darüber, man hat's verbockt!

Lob, Gratulation, man will uns ehren,
Denn die Gefahr der Städte ist gebannt,
Als Lindwürmer gewaltig schlagend zurückkehren!
Drachenfeuer und Krallen durchfurchen das Land.
Der Aggressor nimmt umgehend die Beine in die Hand!
Kraftvoller Jubel durchschalt die Stadt,
Wie man ihn lange nicht vernommen hat!

Der König selbst tut sich bedanken,
Im Namen aller seiner Untertanen er spricht.
Nur Hofmagier Odorius kommt zum Zanken,
Über Grim will er halten hohes Gericht,
Der Eidbrecher wählt zum Verteidiger, den Barden, mich!
Odorius sät Missgunst über die Geschenke an die Kumpanen.
So erfahrt deren Schicksal in den nun folgenden Gedichten und Romanen!